cuir amach seo dom ¦ riddle me this

Celia de Fréine

cuir amach seo dom ¦ riddle me this

ARLEN HOUSE

cuir amach seo dom ¦ riddle me this

is published in 2014 by/Foilsithe i 2014 ag
ARLEN HOUSE
42 Grange Abbey Road
Baldoyle
Dublin 13
Ireland
Fón/Facs: 00 353 86 8207617
Ríomhphost: arlenhouse@gmail.com
arlenhouse.blogspot.com

International distribution/Dáileoirí idirnáisiúnta
SYRACUSE UNIVERSITY PRESS
621 Skytop Road, Suite 110
Syracuse, NY 13244–5290
Fón: 315–443–5534/Facs: 315–443–5545
Ríomhphost: supress@syr.edu
www.syracuseuniversitypress.syr.edu

978–1–85132–097–4, hardback/crua
978–1–85132–098–1, softback/bog

Clóchur ¦ Arlen House
Priontáil ¦ Brunswick Press
'Marsh Cinquefoil and Swan' ¦ Poppy Melia
2000, Gouache on Handmade Paper, 130mm x 130mm
www.poppymelia.com

Tá Arlen House buíoch de
Chlár na Leabhar Gaeilge
agus d'Fhoras na Gaeilge

Foras na Gaeilge

CONTENTS ¦ CLÁR

MONSANTO

Do
Luz Mar Gonzalez Arias
agus
Lucy Collins

riddle me this

cuir amach seo dom

have you heard before
of water that's lonely

of a lake that sheds so many tears
they turn to streams

have you ever seen fish that fly
or a meadow where you can fish

do you know of a lake
where corn grows

birds build their nests
animals mate

a lake so burdened
with grief

its streams of tears
are swallowed by rivers

that chase through the earth
career through caves

ar chuala tú trácht cheana
ar uisce atá uaigneach

ar loch a shileann an oiread deor
go ndéantar sruthanna díobh

an bhfaca tú riamh éisc ag eitilt
nó móinéar ar féidir iascach ann

an bhfuil cur amach agat
ar loch ina bhfásann arbhar

ina dtógann éin neadacha,
ina gcúplálann ainmhithe

loch a bhfuil an oiread dobróin
ar iompar aige

go slogtar a sruthanna deor
ag aibhneacha

a chúrsálann tríd an domhan
a sciurdann trí phluaiseanna

in a place like this
the wind from the south
meets that from the north

here when it rains in torrents
there's no doubt but that
the sky is weeping

is in áit mar seo
a gcasann an ghaoth aneas
leis an ngaoth aduaidh

anseo agus é ag rilleadh báistí
níl aon dabht ach go bhfuil
an spéir ag caoineadh

imagine an ocean
not bounded by land

a sea
with no horizon

that's grey and blue
and black and green all at once

samhlaigh aigéan
nach bhfuil trá i dteorainn leis

farraige
gan léaslíne

a bhfuil dath liath is gorm
is dubh is glas uirthi san am céanna

well we might marvel
at such a lake or sky or sea

speak of them
as though they were ours

without stopping to consider
the cause of their grief

nach breá linn iontas a dhéanamh
de loch nó spéir nó muir mar seo

labhairt fúthu amhail
is dá mba linn féin iad

gan machnamh a dhéanamh
ar fáth a mbuartha

perhaps this is why such a lake
never quite knows

when to begin its ebb
when its flow

perhaps this is why such a lake
spends six months

in a quandary deciding
which day its plankton

should begin to shrivel
its fish realise

they haven't enough water to survive
perhaps these plants and fish

would prefer not to swap
one life for the other

perhaps they yearn
for the security of the humdrum

seans gur mar gheall air seo
nach mbíonn a leithéid de loch

róchinnte faoin am ar chóir tús
a chur lena thuile is lena thrá

seans gur mar gheall air seo
a chaitheann a leithéid de loch

sé mhí idir dhá chomhairle
ag roghnú an lae a dtosóidh

a phlanctón ag seargadh
am a dtuigfear dá éisc nach bhfuil

a ndóthain uisce ann dóibh le maireachtáil
seans nárbh fhearr leis na plandaí

is leis na héisc seo saol amháin
a mhalartú ar an gceann eile

seans gurbh fhada leo
cinnteacht an ghnáthshaoil

but we are not so concerned with its plight
as charmed by its particulars

we who can stand back
and feast our eyes asking ourselves

whether it's really a lake or a mirage
conjured by a witch's spell

or the shenanigans of the will-o'-the-wisp
an oasis between rock and tree

imagined by those
who have searched for paradise

ach ní dhéanann a chruachás imní dúinn
a oiread is a mheallann a shonraí sinn

atá in ann seasamh siar is lán ár ndhá shúil
a bhaint as ag fiafraí dínn féin

an loch atá ann i ndáiríre nó mearú súl
a nochtadh ag draíocht chailleach,

nó pleidhcíocht Liam-na-sop
ósais idir carraig is crann

toghairthe acu siúd
a chuardaigh parthas

and when we wait near
where the tide flows
into the mouth of the river

we seldom notice
that the trees cast shades
as far as the horizon

and we are enchanted
when we watch a current
drawn into a whirlpool

so that we think
of what is being sucked down to the riverbed
besides what could be released from it

nor is it often we notice
that laments echo
from cave to cave beneath us

or that words
shrouded in mist
cling to our clothes

agus sinn ag feitheamh taobh
leis an áit a sníonn an taoide
isteach i gcraos na habhann

is annamh a thugaimid faoi deara
go gcaitheann na crainn scáileanna
chomh fada le híor na spéire

agus dearcadh againn ar shruth
á dhiurnú ag guairneán
cuirtear faoi dhraíocht sinn

sa chaoi go gcuimhnímid
ar a bhfuil á shú anuas go leaba abhann
seachas ar a bhféadfaí a scaoileadh aníos aisti

agus ní minic a thugaimid faoi deara
go mbaineann olagóin macalla
as pluais i ndiaidh pluaise thíos fúinn

ná go ngreamaíonn focail
faoi bhrat an cheobhráin
dár gcuid éadaí

were we to heed these words
were we able to hear

these laments
were these shades to speak to us

were we to consider
what could be dredged from the whirlpool

should we not be obliged
to capture each scintilla

so that we could cast it from us
put in motion a stream of vowels

to give solace
where needed

dá dtabharfaimis aird ar na focail seo
dá mbeimis in ann

na holagóin seo a chloisteáil
dá labhródh na scáileanna linn

dá ndéanfaimis machnamh
ar a bhféadfaí a dhreideáil den ghuairneán

nár chóir go mbeadh sé de dhualgas orainn
greim a bhreith ar gach rian

lena chaitheamh uainn
is sruth gutaí a chur faoi shiúl

le sólás a thabhairt
san áit a bhfuil sé ag teastáil

it's one thing to poke our nose
into other people's affairs

capture each detail
in our quest for the vicarious

as we follow each couple
down the path of courtship

imagine ourselves seated at the feis
enjoying the day

but stepping back
at each hint of hardship

what if we could now relate
what has been shrouded in mist

give voice to the shades
that have been silenced

unearth the lore buried
beneath the crust of consciousness

would we not then fulfil
what is asked of us

is rud amháin é ár ladar a shá
i ngnóthaí daoine eile

greim a bhreith ar gach sonra
le sult ionadach a bhaint as

sinn ag leanúint gach lánúine
síos bóthar a dtochmhairc

ár samhlú féin inár suí ag an bhfeis
ag baint súip as an lá

ach ag tarraingt siar aon uair
a líonann umar na haimléise

dá bhféadfaimis a aithris anois
a bhfuil faoi bhrat an cheobhráin

dá dtabharfaimis cead aighnis
do na scáileanna a fágadh ina dtost

dá nochtfaimis an seanchas a adhlacadh
faoi fhorscreamh an chomhfheasa

nach gcomhlíonfaimis ar an gcaoi sin
a bhfuil á éileamh orainn

and so that we add to our store of knowledge
is it not right that guidelines be followed

is it not fair that payment be made
so that we can understand these words and laments

if we want to unearth that lore
shouldn't we be under obligation

not to turn back once we have made a start
never to step into the same stream twice

as we feel our way forward
to respect our surroundings

agus le go gcuirfimis lenár stór oiris
nár cheart go dtabharfaí aird ar threoracha

nár chóir go mbeadh íocaíocht i gceist
le go dtuigfimis na focail is na holagóin seo

agus sinn ag iarraidh go nochtfaí an seanchas úd
nár chuí go gcuirfí de gheasa orainn

gan casadh siar agus tús curtha ar an aistear againn
gan cos a leagan sa sruth céanna an athuair

agus sinn ag meabhrú ár slí romhainn
meas a choinneáil ar ár dtimpeallacht

remember there are three heads to the mountain
one for watching heaven

one for casting an eye over this world
and one for keeping vigil on the underworld

but during the month when the new moon is twice eclipsed
on a night between these happenings

a wind from the north will bend the trees
set the waves of the lake whispering

rivers will hurry underground
time will stand still

is it not then that what has been trapped
for generations will be freed

cuimhnigh go bhfuil trí chloigeann ar an sliabh
ceann amháin le breathnú ar neamh

ceann eile le súil a chaitheamh thar an domhan seo
an tríú ceann leis an bhfo-dhomhan a fhaire

ach sa mhí a n-uraítear an ré úr faoi dhó
i dtitim oíche idir an dá theagmhas seo

cuirfidh an ghaoth aduaidh na crainn ag lúbadh
is tonnta an locha ag monabhar

déanfaidh na haibhneacha deifir faoi thalamh
beidh an t-am ina lánstad

nach ansin a scaoilfear saor
a raibh gafa i ngaiste leis na glúnta

is it not then we will hear from
those who are not at peace

thrown into caves
or stranded in the desert

those carried downstream
or circling the mountain

companies of maidens
and bands of women

to whom love beckoned
and promised the sun and moon

those who never laid an eye on anyone
but on whom an eye was laid

maidens torn
from their true loves

women who are not in heaven or hell
but trapped between two worlds

nach ansin a chloisfear uathu siúd
nach bhfuil ar a suaimhneas

atá caite i measc na bpluaiseanna
nó tréigthe sa díseart

iad siúd a ligeadh le sruth
nó ag guairdeall ar an sliabh

na foirne maighdean
is na buíonta ban

ar bheannaigh an grá dóibh
ar gealladh grian is gealach dóibh

nár thug drochshúil ar éinne
ach ar tugadh drochshúil orthu

maighdeana a sracadh
óna leannáin

mná nach bhfuil ar neamh nó ar talamh
ach atá sáinnithe idir dhá dhomhan

is it not then words will be released
not from a font of indifference

or from a handbag
not from the collar of an overcoat

stories will be awakened
not from the fob of a watch

or from a copybook
secrets will be released

gushing upwards
from the store of knowledge

nach ansin a scaoilfear focail
ní as fuarán na fuarchúise

ní as mála láimhe
ná bóna cóta mhóir

músclófar na scéalta
ní as póicín uaireadóra

ná as cóipleabhar
spalpfar amach rúin

iad ag gaiseadh aníos
as taisce an oiris

and remember that there are always
two sides to every story

as for everyone who's in distress
there's at least one who's responsible

if we are to listen to one side of the truth
is it not only fair the other side be heard also

riddle me this

as soon as the accused as well as the accuser
is given leave to speak

we will be able to hear these words
make out these whispers

as soon as we are under the unbreakable spell
of concern we will be able to read

what is written on the cloud-mantle
as it passes overhead

agus cuimhnigh go mbíonn dhá thaobh
ar an mbileog i gcónaí

maidir le gach éinne atá i gcruachás
go bhfuil ar a laghad duine amháin ciontach as

má táimid chun éisteacht le taobh amháin den fhírinne
nár chóir go gcloisfí an taobh eile di freisin

cuir amach seo dom

a luaithe a thabharfar cead aighnis don chúisí
mar aon leis an gcúisitheoir

beimid in ann na focail seo a chloisteáil
is na monabhair a dhéanamh amach

agus sinn faoi gheasa droma draíochta
an chúraim beimid in ann

a bhfuil ar an néalbhrat a léamh
agus é ag sciurdadh os ár gcionn

the women of the town
were wont to gossip

about what didn't concern them
agog when a young woman was seduced

by an unfit suitor
wiping her from memory

as soon as they had
forced her to flee

well they knew she lived among them
and was gone

without giving her
further thought

because they were too busy eating
and drinking and gossiping

about the next wretch who fell in love
imagining what she was up to

jealous of what they never had
without stopping to consider

how the young woman felt
what she herself wanted

riddle me this

ba ghnách le mná an bhaile
cúlchaint a dhéanamh

ar nithe nár bhain leo
ar bís nuair a mhealltaí ógbhean

le suiríoch mí-oiriúnach
á glanadh dá gcuimhne

a luaithe a chuir siad iallach uirthi
greadadh as an áit

is maith a bhíodh a fhios acu
go mbíodh cónaí uirthi ina measc

is gurbh éigean di teitheadh
ach a thuilleadh machnaimh ní dhéanaidís uirthi

mar go mbídís róchruógach ag ithe
ag ól is ag cúlchaint

ar an gcéad suarachán eile a thit i ngrá
ag samhlú céard a bhí ar siúl aici

in éad leis sin nach raibh riamh acu féin
gan smaoineamh ar an gcaoi

ar bhraith an ógbhean
ar a raibh uaithise

cuir amach seo dom

what is ambition
where to draw the line

between what we should seek
and what to let pass

remember the wretch who spent her life
struggling in the fields

who met a stranger one day
who promised her jewellery

silk that would ripple like a reed in the wind
dresses embroidered with gold

when he laid his finger on her hair
for the first time she knew

that no matter how hard she worked
she would never own any of these

céard is uaillmhian ann
cén áit ar cheart an líne a tharraingt

idir an méid ar chóir a lorg
is an méid ar chóir scaoileadh tharainn

cuimhnigh ar an gcréatúr a chaith a saol
ag streachailt léi sna goirt

a chas le strainséir lá
duine a gheall seodra di

síoda a chrithfeadh ar nós giolcaí sa ghaoth
gúnaí faoi bhróidnéireacht órga

nuair a leag sé méar ar a folt
den chéad uair bhí a fhios aici

ba chuma cé chomh dian a d'oibreodh sí
nach mbeadh aon cheann dá leithéidí siúd riamh aici

trust no one
one mother would say to her daughter

a wildish thing
who liked to saunter by the sea

believe nothing
listen to yourself and no one else

she listened to herself
for years she listened to herself

resisting each advance
sifting all that reached her ears

until she heard his voice
and with it the music of the sea

washing the waves
until she could no longer tell

what was and wasn't hers
until she no longer knew

what to believe
splish   splash

ná bíodh muinín agat as éinne
a deireadh máthair amháin lena hiníon

girseach ar thaitin spaisteoireacht
cois farraige léi

ná creid in aon cheo
éist leat féin is leat féin amháin

d'éist an ghirseach léi féin
ar feadh na mblianta d'éist sí léi féin

ag diúltú roimh gach cuireadh
ag scagadh gach a bhain a cluasa amach

gur chuala sí a ghuth
is ceol na mara lena ais

ag scuabadh na dtonnta
go dtí nach raibh sí in ann a rá

céard ba léi nó nár léi
go dtí nach raibh a fhios aici

céard ba chóir a chreidbheáil
splis   splais

words in a cloak
words   splish   splash

words such as
I'm mad about you

never before have I met anyone like you
splish   splash

words such as *come away with me*
I promise you the sun and moon

splish   splash
what she didn't hear was

focail i bhfallaing
focail   splis   splais

focail ar nós
táim splanctha id' dhiaidh

níor chas mé ar éinne cosúil leat cheana
splis   splais

focail ar nós *tar liom*
geallaim an ghrian is an ghealach duit

splis   splais
rud nár chuala sí

you must forget
what went on before

splish splash
and on the night

the moon hid
among the rocks

and she couldn't forget
what had gone on before

he said to her
may you have your fill of the sea

may water pour over you forever
as it does in a fountain

and may those children you craved
be trapped in that same fountain

without your ever being able
to touch them

caithfidh tú dearmad a dhéanamh
ar gach ar tharla cheana duit

splis   splais
agus an oíche a ndeachaigh

an ghealach faoi cheilt
i measc na gcarraigeacha

is nach bhféadfadh sí dearmad
a dhéanamh ar gach ar tharla cheana di

arsa seisean léi
bíodh do dhóthain den fharraige agat

bíodh uisce de shíor ag sileadh ort
mar a shileann i bhfuarán

is go sáinnítear san fhuarán céanna
na gasúir úd a bhí uait

gan tú in ann
riamh iad a thadhall

and still there are mothers
who yearn for time away

from a child who won't stay still
who's always crying

one mother did her best
to please such a child

to nourish him as she saw fit
but he wouldn't lie still

one day she took her eye off him
and lay back in the meadow

where she dreamt
of the kind of life she used to have

but the dream was a foreboding
that began a never-ending lament

because you'll always find a water sprite
in the desert of uncertainty

with nothing to do
and no pity from anyone

agus fós bíonn máithreacha
a mbíonn ruainne beag ama uathu

i bhfad ó leanbh nach bhfanfaidh socair
a bhíonn de shíor ag caoineadh

rinne duine acusan a dícheall
a leithéid de leanbh a shásamh

a chothú mar ba chuí
ach ní fhanfadh sé ciúin

lá amháin bhain sí a súil de
is luigh siar sa mhóinéar

áit ar samhlaíodh di
an saghas saoil a bhíodh aici

ach tuar tubaiste a bhí ann
a chuir tús le caoineadh gan deireadh

mar go mbíonn deamhan uisce ina chónaí
i ndíseart na héiginnteachta

gan aon cheo le déanamh aige
agus dheamhan trua ag éinne dó

one day when the loneliness
got the better of such a sprite

he tried to speak to it
but got no answer

he called to the statues in the cave
but there wasn't a gig to be had from them either

he saw the branches of the trees waving
and tried to climb them

but was thrown to the ground
he sneaked behind the rocks

where the witches were hatching a plot
but they routed him with a screech

and then as he hovered about
he saw a small boy

playing by himself far from home
because that was the kind of boy he was

bold as brass not unlike himself
and no matter how many toys the sprite conjured for him

how many games he tried to amuse him with
they were both as lonely as ever

lá amháin chuaigh an t-uaigneas
i bhfeidhm ar a leithéid de dheamhan

rinne sé iarracht labhairt leis
ach freagra ar bith ní bhfuair sé

ghlaoigh sé ar na dealbha sna pluaiseanna
ach gíog ní fhéadfaí a bhaint astu

chonaic sé géaga na gcrann ag luascadh
is rinne sé iarracht dreapadh aníos orthu

ach caitheadh anuas go talamh é
théaltaigh sé leis taobh thiar de na carraigeacha

áit a raibh comhcheilg na gcailleach ar siúl
ach ruaigeadh as sin le scréach é

ansin agus é ag foluain thart
thug sé faoi deara buachaill beag

ag súgradh as féin i bhfad ó bhaile
mar gurbh é sin an sórt buachalla a bhí ann

é dána dalba cosúil leis féin
is ba chuma cá mhéad bréagán ar chum an deamhan dó

cá mhéad cluiche a ndearna sé iarracht é a mhealladh leo
bhí an bheirt acu chomh huaigneach is a bhí riamh

as were the young couple
the maiden in her castle

her suitor at the portcullis
the father who refused his blessing

until such time as the suitor
could sail across the meadow and ask again

two young people separated by a meadow
as wide as their future

as deep as her father's intransigence
and the determination of her suitor

who saw no harm in blocking the drains
and keeping the rain from the caves

who didn't realise that someone who could suggest
a meadow submerged in water might not be a man of his word

before deciding to drown the season's crops
wipe out the birds and their nests

invite fish to swim for six months of the year
before being left high and dry

and so he set in motion a change
that would draw down misfortune on the place

and make sure to sweep himself and his true love
away on a stream of tears

mar an gcéanna an lánúin óg
an ghirseach ina caisleán

a suiríoch ag an ngeata crochta
an t-athair nach dtabharfadh cead pósta dóibh

ach amháin dá bhféadfadh an suiríoch
seoladh thar an machaire agus fiafraí de an athuair

lánúin óg scartha óna chéile ag machaire
chomh fairsing lena dtodhchaí

chomh domhain le ceanndánacht a hathar
is diongbháilteacht a suirígh

fear nach bhfaca aon dochar na diúga a bhlocáil
an bháisteach a choinneáil ó na pluaiseanna

nár tuigeadh dó go mb'fhéidir nárbh é fear dá fhocal é
an duine a bhí in ann machaire faoi uisce a mholadh

fear a shocraigh ar bharra an tséasúir a bhá
na héin is a neadacha a ghlanadh amach as an áit

cuireadh a thabhairt do na héisc dul sa snámh
ar feadh sé mhí sula bhfágfaí ar éadrá iad

fear a chuir faoi shiúl claochlú
a tharraingeodh drochrath ar an áit

a dhéanfadh cinnte eisean agus a ghrá geal
a scuabadh leo ar shruth deor

you'd expect to hear stories like these
in such places

where lakes disappear
and fish don't know whether to swim or fly

where a meadow rises out of water
and there is no end to the ocean

where the sea is grey and black and blue
and green all at once

a desert where the tide
flows into the mouth of the river

where the wind from the south meets that from the north
where the sky weeps

and having heard these stories
aren't the places to which they belong

even more magic
but aren't meadows all over the world

filling with water today
and new stories to be heard everywhere

bheifeá ag súil le scéalta mar seo
a chloisteáil in áiteanna mar seo

ina mbíonn lochanna ag imeacht as radharc
nach léir do na héisc ar chóir dóibh eitilt nó snámh

ina n-éiríonn móinéar aníos as uisce
nach mbíonn trá i dteorainn leis an aigéan

a mbíonn dath liath is dubh is gorm is glas
ar an bhfarraige san am céanna

i ndíseart ina sníonn an taoide
isteach i gcraos na habhann

ina gcasann an ghaoth aneas leis an ngaoth aduaidh
áit a mbíonn an spéir ag caoineadh

agus na scéalta seo cloiste againn
nach bhfuil na háiteanna a mbaineann siad leo

níos draíochtaí fós
ach nach bhfuil machairí ar fud an domhain

ag líonadh le huisce san am i láthair
is nuascéalta le cloisteáil i ngach áit

about deserts where lintels from mansions
lie in the stony soil beneath us

about a current that bears
the last leaf

an ocean that can turn to cobalt
in celebration

and consume the island
that had been its companion for years

riddle me this

faoi dhísirt a bhfuil lindéir tithe móra
ina luí sa screabán thíos fúthu

faoi shruth abhann a bhfuil an duilleog dheireanach
ar iompar aige

aigéan ar féidir leis iompú ina chóbalt
le ceiliúradh a dhéanamh

agus an t-oileán
a bhí mar chomhluadar i gcónaí aige a alpadh

cuir amach seo dom

now that we realise
that water below ground
was caused by love and hate

long long ago

we must have a notion
that it's caused
by greed and deceit

in the present day

now that we realise
that nature was used as a bargaining tool
in games of love and hate

long long ago

isn't it clear that disregard and ignorance
by the powers-that-be for man and nature
are sending us down the road to destruction

in the present day

anois agus sinn in ann a aithint
gurbh iad an grá is an ghráin
ba chúis le huisce faoi thalamh

fadó fadó

caithfidh go bhfuil tuairim againn
gurb iad an tsaint is an feall
is cúis leo

san am i láthair

anois agus sinn in ann a aithint
gurbh é gléas margaíochta é an dúlra
i gcluichí an ghrá is na gránach

fadó fadó

nach léir gurb iad neamhaird is aineolas
na mboc mór ar an dúlra is ar an duine
atá ár gcur ar bhealach ár mbasctha sinn

san am i láthair

birds watch as their scaldies
are swept away

rivers disappear
fish are beached

and still we like to poke our noses
into other people's affairs

to follow the couple
down the path of courtship

castigating the girl who ran off
with the stranger

maligning the mother
who ignored her child

heeding the sprite
of uncertainty

and then stepping back
at each hint of hardship

breathnaíonn éin ar a scalltáin
is iad á scuabadh leo

téann aibhneacha as radharc
caitear éisc ar éadrá

fós is maith linn ár ladar a shá
i ngnóthaí daoine eile

ag leanúint na lánúine
síos bóthar a dtochmhairc

ag cáineadh an chailín a théaltaigh léi
i gcuideachta an strainséara

ag caitheamh anuas
ar an máthair a dhún a súil ar a gasúr

ag tabhairt airde
ar dheamhan na héiginnteachta

ach ag tarraingt siar aon uair
a líonadh umar na haimléise

isn't it time to listen
to both sides of the story now

is it not time to ask
why a lake sheds so many tears

they turn to streams
that are swallowed by rivers

that chase through the earth
career through caves

nach bhfuil sé thar am éisteacht
le dhá thaobh an scéil anois

nach bhfuil sé thar am fiafraí
cén fáth a sileann loch an oiread deor

go gcruthaítear sruthanna astu
a slogtar ag aibhneacha

a chúrsálann tríd an domhan
a sciurdann trí phluaiseanna

imagine an ocean
not bounded by land

a sea
with no horizon

a place where the wind from the south
meets that from the north where

when it rains in torrents
and there's no doubt but that

the sky is weeping

shouldn't the spell be broken
at last

shouldn't we be concerned
about such a lake or sky or sea

and stop to consider
the cause of their grief

riddle me this

samhlaigh aigéan
nach bhfuil trá i dteorainn leis

farraige
gan léaslíne

áit a gcasann an ghaoth aneas
leis an ngaoth aduaidh

a mbíonn sé ag rilleadh báistí
gan aon dabht ach go bhfuil

an spéir ag caoineadh

nár chóir go mbrisfí faoi dheireadh
na geasa

nár chóir dúinn a bheith imníoch
faoi loch nó muir nó spéir mar seo

agus machnamh a dhéanamh
ar fáth a mbuartha

cuir amach seo dom

THE LADY AND THE UNICORN

An Bhean Uasal is an tAonadharcach

Remembrance

Difficult enough to look back now –
the wisdom of life in your pocket –
as this young woman prepares
herself for the long road ahead

notice how she takes possession
of a little island domain
on which to order her senses
confront them one by one

she is only a maiden
as you were once –
with animals and fowl as companions
and a woman who drops by from time to time

If you want to accompany her on her journey
you must become a moth
only then can you flit
from tapestry to tapestry

touch her soft cheek
taste her favourite food
smell the flowers around her
listen to what she has to say

Cuimhneamh

Sách deacair smaoineamh siar anois –
críonnacht an tsaoil id' phóca agat –
an ógbhean seo á hullmhú féin
don bhóthar fada amach roimpi

breathnaigh mar a ghlacann sí seilbh
ar fhearann beag d'oileán
lena céadfaí a chur in eagar
tabhairt fúthu ina gceann is ina gceann

níl inti ach maighdean
faoi mar a bhíodh ionat féin tráth –
ainmhithe is éanlaith mar chomhluadar aici
is bean a bhuaileann isteach ó am go ham

Más mian leat í a thionlacan ar a haistear
is gá leamhan a dhéanamh díot féin
ansin amháin a bheidh tú in ann
scinneadh ó thaipéis go taipéis

a gnúis mhín a thadhall
a rogha bia a bhlaiseadh
na bláthanna thart uirthi a bholú
éisteacht lena bhfuil le rá aici

TOUCH

She stands up straight
stretching her hand out
towards the standard
tentatively at first
until she realises
it's only a support that says

who she is
where she's from
who her people are

she rests her other hand
on the horn of plenty
the forbidden horn
the horn of desire

that rises up
proffers itself to her
says *take me* –
I am yours

she is free and yet not free
she could follow her heart's desire
or go the way
her family intends

notice the boldness in her face
now that she has touched
the bone
the pure hard bone that waits for her answer

TADHALL

Seasann sí go caol díreach
a lámh á síneadh amach aici
i dtreo an mheirge
go triaileach ar dtús
go dtuigtear di nach bhfuil ann
ach taca a deir

cérb ise
cérb as di
cé hiad a muintir

leagann sí a lámh eile
ar adharc na fliúirse
an adharc choiscthe
adharc na meanmairce

a éiríonn in airde
á tairiscint féin
a deir *glac liom –*
is leatsa mé

tá sí saor is níl sí
d'fhéadfadh sí a meanmarc a leanúint
nó imeacht sa treo a bhfuil
súil ag a muintir leis

breathnaigh an dánacht ina gnúis
tar éis di
an chnámh a thadhall
an fhíorchnámh dhian a fhanann ar a freagra

TASTE

Before she tastes any morsel
she must attend
her chores
feed her parrot a *dragée*

no companion flesh
for this little bird
and what's good enough for him
will suit herself just as well

she sets her unicorn
his first task:
to stand on his hind legs
and hold the standard still

as she swallows
the sweetness
the seed of the pomegranate bursts
she feels the first pain

Blaiseadh

Sula mblaiseann sí aon ghreim
caithfidh sí breathnú i ndiaidh
a cúraimí
a pearóid a chothú le *dragée*

ní fhéadfadh sí feoil a comhluadair
a thabhairt don éinín beag seo
is oirfidh a bhfuil
sách maith dósan di féin

leagann sí amach a chéad tasc
dá haonadharcach:
seasamh ar a chúlchosa
is an meirge a choinneáil socair

an mhilseacht
á slogadh isteach aici
pléascann síol na pomagránaite
braitheann sí an chéad phian

Smell

Just as she chooses
the *dragée* over meat
she prefers to smell
the carnation and not the rose

the unicorn
rears up
having already
lost patience

she weaves the carnations
into crowns
refusing to smell
the red   the thorns   the blood

my headdress is of pearls
she confides

because of what I've in hand
my dress is pinned up

BOLADH

Díreach mar a roghnaíonn sí
an *dragée* thar fheoil
is fearr léi an choróineach
a bholú seachas an rós

éiríonn an t-aonardharcach
ar a chosa deiridh
a fhoighne caillte aige
cheana féin

fíonn sí na coróineacha
ina gcorónacha
ag diúltú do bholú
den deirge   de na dealga   den fhuil

de phéarlaí mo cheannbheart
a deir sí i gcogar

de bharr a bhfuil idir lámha agam
go bhfuil mo ghúna crochta suas

HEARING

She plays a tune she composed
for the unicorn
but he refuses to listen
his moan drowning the sound of the organ

she is sporting the pomegranate seed
again today
along with her pearls
and has put her hair up in an *aigrette*

though still confined
to her floating island
she is now in the betwixt and between
pressing harder on the keys

she plays a dirge
that only she can hear
the unicorn lies back
his mouth agape

Éisteacht

Seinneann sí port atá cumtha aici
don aonadharcach
ach diúltaíonn seisean éisteacht leis
olagón á ligean aige a bhánn glór an orgáin

tá síol na pomagránaite
á chaitheamh arís inniu aici
mar aon lena péarlaí
a cuid gruaige corntha suas in *aigrette*

cé go bhfuil sí fós i ngéibheann
ar a hoileán eadarbhuasach
tá sí san idir eatorra anois
brúnn sí níos láidre ar na heochracha

ag casadh tuirimh
nach féidir ach léise amháin a cloisteáil
luíonn an t-aonadharcach siar
a bhéal ar leathadh aige

Sight

She invites the unicorn
to sit by her side
rest his legs on her lap
hold still

look into the mirror
she says
I know who I am
where I come from
who my people are
but I want you to see
your smiling face

perhaps a day will come
when I am no longer here
I want you to remember
how you were before
how beautiful you looked
how true

Radharc

Tugann sí cuireadh don aonadharcach
suí in aice léi
a chosa a shíneadh thar a baclainn
fanacht socair

breathnaigh isteach sa scáthán
a deir sí
tuigtear dom cé mise
cérb as a dom
cé hiad mo mhuintir
ach ba bhreá liom go bhfeicfeása
do ghnúis ghealgháireach

seans go dtiocfaidh lá
nárb ann dom níos mó
is mian liom go gcuimhneofá
mar a bhíteá cheana
cé chomh gleoite a bhreathnaigh tú
cé chomh fíor

À Mon Seul Désir

The time has come
for her to open the casket
grasp the necklace
feel its weight

the unicorn and the lion hold
back the flaps of the tent
already the heron and falcon
are about to wage war

now that she has ordered her senses
she must decide
between the life her family intends
and her *seul désir*

the entrance is narrow
without help from anyone

À Mon Seul Désir

Tá an t-am buailte léi
an taisceadán a oscailt
greim a fháil ar an muince
a meachán a bhrath

coinníonn an t-aonadharcach is an leon
siar plapaí an phubaill
cheana féin tá an chorréisc
is an seabhac ar tí troid

anois is a céadfaí curtha in eagar aici
caithfidh sí rogha a dhéanamh
idir an saol a bhfuil súil ag a muintir leis
ia a *seul désir*

is cúng an tslí isteach
gan cúnamh ó éinne

Learn

Easy enough to look back
now that you have flitted
from tapestry to tapestry
in the guise of a moth
gorging yourself

while you accompanied this maiden
on her journey

Were you to undertake life again
the same choices laid before you
about to be frieze-framed
perhaps you'd make the same mistakes
but even if you did
would they not be sweeter the second time around

Foghlaim

Sách éasca smaoineamh siar anois
tar éis duit scinneadh
ó thaipéis go taipéis
i riocht leamhain
ag ithe thar do sháith

is an mhaighdean seo
á tionlacan ar a haistear

Dá mbeadh ort féin tabhairt faoin saol arís
na roghanna céanna á leagan os do chomhair
ar tí a fhrámáil i bhfríos
seans go ndéanfá na botúin chéanna
ach fiú dá ndéanfá
nach mbeidís níos milse an athuair

Monsanto

The Lizard Awakes

Outside the house the bell for mass
echoes off the holy mountain.

Quiet inside but for the scarper
of the lizard when he hears you approach.

You feel safe knowing he's there –
he has taken your measure as well

as though to say they've sent
me an old poet for company tonight.

And seeing as he has already made up
his mind, he could inspire you to shape

a whole back story around a woman escaping
from events about to suffocate her. But he's only

a lizard who has spent his life as witness
to the rewriting of the past and unable to guess

the truth: you have already escaped, an idea
more radical under your oxter
than that of the woman in the castle.

Dúisíonn an tEarc

Lasmuigh den teach baineann clog
an aifrinn macalla as an sliabh naofa.

Laistigh ciúnas ach amháin sciurdadh
an eirc ar chloisteáil dó go bhfuil tú ag teacht.

Braitheann tú slán ar thuiscint duit gurb ann
dó. Tá tusa measta go cruinn aigesean freisin

mar a bheadh sé ag rá: tá siad tar éis seanfhile
a chur chugam mar chomhluadar anocht.

Agus ó tharlaíonn go bhfuil a intinn déanta suas
aige cheana féin, d'fhéadfadh sé tú a spreagadh

cúlscéal iomlán a chruthú faoi bhean atá ag éalú
ó chúrsaí atá ar tí í a thachtadh. Ach níl ann ach earc

a bhfuil a shaol caite aige ina fhinné ar athscríobh
an ama atá thart, nach bhfuil in ann an fhírinne

a thomhas: tá tú tar éis éalú cheana féin,
smaoineamh níos bunúsaí faoi d'ascaill agat
ná mar a bhí ag an mbean sa chaisleán.

The Last Cow

As for the woman in the castle –
perhaps this is how it happened:
her husband was consumed by jealousy
on account of the praise she received.

It wasn't he who had thought of it –
and what an idea it was – only a fool
could conceive such a thing
or a genius, as it turned out.

Seven years is a long time to endure
need: though there was enough water
in the castle's well, and olives on
the trees, she had no new dress as far back

as she could remember and her shawl
had become so threadbare it outlined
bones that should never be seen
on a woman – or so her husband thought.

By the time the castle and all inside
its walls were saved, and she was
invited to sit at the king's table, all eyes
were on her as her flesh filled out under

the silk of her new dress. Each time
she'd tear into a steak she'd smile,
picturing Pruggy, their last cow
and how the women opposed her

when she suggested the beast be flung
from the ramparts. Only a fool would
allow the village's last source of milk
rain down on the beseiging army.

An Bhó Dheireanach

Maidir leis an mbean sa chaisleán –
seans gur mar seo a tharla sé:
bhí a fear ite ag an éad i ngeall
ar an moladh a bronnadh uirthise.

Níorbh eisean a smaoinigh air
agus a leithéid de smaoineamh a bhí ann –
óinseach amháin a d'fhéadfadh a leithéid
a cheapadh nó ginias, mar a tharla sé.

Achar fada é seacht mbliana leis an ngátar
a fhulaingt: cé go raibh dóthain uisce
i dtobar an chaisleáin, is ológa
ar na crainn, gúna nua ní raibh aici

ar feadh a cuimhne is bhí a seál imithe
chomh smolchaite sin gur léiríodh
cnámha nár chóir a fheiceáil riamh
ar bhean – nó b'in a cheap a fear.

Faoin am a raibh an caisleán is gach ní
laistigh dá bhallaí slán, is cuireadh
faighte aici suí chun bhord an rí, ba
uirthise a leagadh chuile shúil, a cuid feola

ag at faoi shíoda a gúna nua. Chuile huair
a stróiceadh sí stéig leathadh miongháire
thar a beola ar shamhlú di *Pruggy*, a mbó
dheireanach, agus an chaoi ar chuir na mná

ina coinne nuair a mhol sí dóibh an beithíoch
a chaitheamh thar na múrtha – ní ligfeadh
ach óinseach d'fhoinse dheireanach bhainne
an bhaile rilleadh anuas ar an arm ionsaithe.

The Blessed Nanny Goat

No more than the castle, the landscape hasn't
changed much these hundreds of years.
If you stand in its grounds you can cast
your eye over glen and hill till you see
a bohreen that wends its way as far
as a small church dedicated to St Peter

where the devil appeared one day,
clutching a child in his crubeen.
The saint understood that he needed help:
he prayed to God and the child was saved,
but each act of kindness leads to a second demand.
The holy man now had a child in his care and how

was he to feed it? He prayed again: *the child will*
be lost without milk. But God reckoned were he
to send a woman, the poor man would be down
on his knees every day, a fresh demand on his lips.
And so Our Father sent a nanny goat: not only
had the child milk and later cheese, later still

when the creature died they made an *adufe*
from her hide and were able to dance for the first
time, make music with an instrument
so magical it was named in the Bible.

An Mhinseach Bheannaithe

Mar aon leis an gcaisleán, níl mórán athruithe
tagtha ar an taobh seo tíre leis na céadta bliain.
Má sheasann tú ar a fhearann is féidir do shúil
a chaitheamh thar na gleannta is na harda
go bhfeicfe tú bóithrín a shraonann leis
chomh fada le heaglais bheag tiomnaithe

do Naomh Peadar áit ar nocht an diabhal, lá,
leanbh ar iompar ina chrúibín aige. Tuigeadh
don naomh go raibh cúnamh uaidh: ghuigh sé
Dia is sábháladh an gasúr ach is ionann
gníomh carthanachta amháin is an tarna éileamh:
bhí gasúr faoina chúram anois aige agus cén chaoi

a gcothódh sé é? Ghuigh sé an athuair: *caillfear*
an gasúr gan bhainne. Ach tuigeadh do Dhia
dá gcuirfeadh sé bean chuige go mbeadh an fear bocht
thíos ar a ghlúine chuile lá, éileamh úr ar a bheola.
Mar sin chuir ár nAthair minseach chuige: ní hamháin
go raibh bainne ag an ngasúr, is níos deireanaí

cáis, níos deireanaí fós nuair a cailleadh an créatúr
rinne siad *adufe* dá craiceann is bhí siad in ann
damhsa den chéad uair, ceol a chruthú le huirlis
a bhí chomh draíochtach sin gur ainmníodh sa Bhíobla é.

THE STRAY YEARLING

Though you'd be alone here, were it not
for the lizard, you could be in any kitchen,
more than likely scrutinising the same

pages, making the same amendments.
but you wouldn't be writing
this poem or seeing in a dream

a beautiful child born on the other side
of town, the letters in her umbilical cord
warning that stories will be written about her:

she'll be the one drawn to spindles,
encouraged not to cut her hair,
have poisoned apples handed to her.

When she searches for the breast and not
finding it licks a drop of blood from her finger,
you're reluctant to agree with the prediction.

The tinkle of a bell wakes you
as the flock of sheep outside the window
follows its leader down the mountain.

Looking out, you spot
a stray yearling, head held high,
gambol up the hill.

An Fhóisc Fhánach

Cé go mbeifeá id' aonar anseo murach
an t-earc, d'fhéadfá a bheith in aon chistin –
go ródhócha ag iniúchadh na mbileog

céanna, na hathruithe céanna ar bun agat,
ach ní bheadh an dán seo á scríobh agat
ná ní bheifeá ag feiceáil in aisling

girseach álainn á saolú ar thaobh tuathail
na cathrach, litreacha shreang a himleacáin
ag tabhairt foláirimh gur fúithise a chumfar scéalta:

gurb ise a tharraingeofar chuig fearsaidí,
a spreagfar gan a folt a ghearradh,
uirthise a bhronnfar úlla nimhneacha.

Nuair a lorgaíonn sí an chíoch is nach
dtagann uirthi líonn braon fola dá méar,
tá drogall ort aontú leis an tairngreacht.

Dúisítear tú ag cling an chloig mar
a leanann an tréad caorach lasmuigh
den fhuinneog a cheannaire síos an sliabh.

Ag breathnú amach duit, feiceann tú
fóisc fhánach, a cloigeann san aer aici
ag ceáfráil aníos an cnoc.

WOMEN'S WORK

The road below the graveyard
leads to a shed where women
have always baked bread,
an oven almost as big again
tacked to its back.

The cakes are moved in
and out on a shovel so long
you have to duck your head
as the woman of the house
swings the handle round.

Above you a sliver of a window
admits enough light into the chamber
for the task in hand. Outside smoke curls
from the chimney while a bucket of water,
soap and a brush lie in wait on the grass.

Before long this bakery will be abandoned
just like the one in Tismeáin that kept
a people alive during the Great Hunger,
a time when all that was required
of the heroine was to bake bread.

Obair na mBan

Síneann an bóthar laistíos den reilig
chomh fada leis an mbothán
ina mbacáladh mná arán riamh anonn
oigheann chomh mór céanna arís
greamaithe dá dhroim.

Bogtar na cácaí isteach is amach
ar shluasaid chomh fada sin
go bhfuil ort do chloigeann
a chromadh nuair a chasann
bean a' tí an crann thart.

Os bhur gcionn scaoileann slis fhuinneoige
dóthain solais isteach sa seomra don obair
idir lámha. Lasmuigh casann an deatach aníos
ón simléir fad is a fhanann buicéad uisce,
galúnach is scuab ar an bhféar.

Is gearr go dtréigfear an bácús seo,
díreach cosúil leis an gceann i dTismeáin
a choinnigh pobal beo le linn
an Ghorta Mhóir, am nár iarradh
ar an mbanlaoch ach arán a bhácáil.

The Roman Road

Today, at last, you discover
the Roman Road that wends
its way through meadows
of erratics, its flagstones
so big they would
take two to lift.

Though you try to imagine
the slaves who toiled here
day after day

you feel so lonely
the image of their shades
labouring in the rain
is not enough to summon you
on towards the end where
you might hear their chorus.

An Bóthar Rómhánach

Inniu, ar deireadh, éiríonn leat
an bóthar Rómhánach a aimsiú,
é ag casadh ar a bhealach
trí chluainte carraigeacha corra
a leaca pábhála chomh mór sin
go nglacfadh sé beirt lena n-iompar.

Cé go ndéanann tú iarracht
na sclábhaithe a bhíodh ag tiaráil leo
anseo lá i ndiaidh lae a shamhlú,

braitheann tú chomh huaigneach sin
nach leor íomhá a scáthanna
ag saothrú leo faoin bháisteach
tú a ghlaoch ar aghaidh
chuig an deireadh, áit
a bhféadfá a gcór a chloisteáil.

Gruto

Without doubt
this is a land of fossils
and erratics
like those in Killeenduff
only much bigger:

here the complete shape of a mythical
creature can be seen as he forages
for food while some erratics
are big enough to roof a house.

They have a name for it – the one-tile roof –
which, along with a couple of stone walls,
is all that's needed to create the warm
comfort of home. Better still, if there's
a spring nearby – a tavern can be opened.

You long for the Atlantic
and those tiny fossils
by the cimmin where,
through marriage,
you have the right to graze a cow.

Feeling the ocean breeze on your face
now is about as wild a notion
as leading a cow home to be milked.

Gruto

Gan dabht is í seo tír na n-iarsmaí
is na gcarraigeacha corra
díreach cosúil leo siúd a bhíonn
le sonrú ar an gCillín Dubh
ach i bhfad níos mó:

anseo feictear cruth iomlán
créatúir mhiotasaigh is é ag siortú leis,
fad is atá roinnt carraigeacha corra
sách mór le teach a dhíonadh.

Tá ainm acu air seo – díon aon-leacáin –
ar leor é, mar aon le cúpla balla cloiche,
le téagar teolaí tí a chruthú.
Níos fearr fós má tá fuarán taobh leis –
is féidir teach tábhairne a oscailt.

Is fada uait an tAtlantach
is na hiarsmaí bideacha sin
thíos ag an gcoimíneacht,
áit a bhfuil sé de cheart agat,
trí phósadh, bó a chur ar an bhféar.

Is nóiseán chomh fiáin céanna é
leoithne aigéin a bhrath ar do ghnúis anois
le bó a threorú abhaile lena crú.

Uneasy Rider

And still the house fills with stories –
as the lizard flips his tail
on the tiles you set to work
raising memories like the time

the circus would come to town
and you'd walk out to the big top,
wearing your gutties
and new tartan slacks.

Your favourite act was the girl
in sequins riding bareback,
cousin to the girl in the carnival
near where you lived.

You'd see her more often,
marvel at how she earned
her living, picking up hoops
when they'd fall to the straw floor.

She had her own pony that grazed
behind the caravans. What you don't
remember but can see now is how
she'd lead him out by moonlight

and race him along the shore
dressed in her nightie,
singing at the top of her voice:
they'll not pay to watch me.

Marcach Míshuaimhneach

Fós féin, líonann an teach le scéalta –
fad a bhuaileann an t-earc a eireaball
ar na leacáin, luíonn tú isteach ar an obair
cuimhní á muscailt ionat ar nós an ama

a dtagadh an sorcas chuig an mbaile mór
is a shiúltá amach chuig an bhfáinneán,
do bhróga peirce is bríste nua
breacáin á gcaitheamh agat.

Ba í an ghirseach faoi sheacainí
ag marcaíocht droimnocht
do rogha gníomh – col ceathar í
leis an ngirseach sa charnabhal gar dod' bhaile.

D'fheicteá níos minicí ise, iontas
á dhéanamh agat den chaoi ar bhain sí
slí bheatha amach ag tógáil
fonsaí nuair a thitidis ar an urlár tuí.

Bhí a capaillín féin aicise ar an bhféar
taobh thiar de na carabháin. An rud nach
cuimhin leat ach ar féidir a fheiceáil anois
go dtreoraíodh sí amach é faoi sholas na ré,

á rith thíos ar an trá, a gúna oíche
á caitheamh aici, ag canadh
in ard a cinn is a gutha:
ní íocfaidh siad le breathnú ormsa.

The Reluctant Maiden

Today's story is about an old
schoolfriend, a girl who asked
the Mother General for permission
to leave class to talk to a boy from
home when his bus stopped in the town.

A boy?
came the reply.
Who's on his way to Maynooth
to become a priest.
Ah, but that's another story.

What was different about it? She was
spending thirty minutes in the company
of the man she loved. Drinking in
every word he uttered though it was
silent between them for the most part.

And before he boarded
he shook her with a hand
that hadn't been blessed or sworn
to abstinence or to not touch
her in an impure way.

After the bus had disappeared
she stopped to buy chips
on her way back to the convent,
the lard bloating and warming her,
making her think that no way

An Mhaighdean Neamhthoilteanach

Is faoi sheanchara scoile scéal
an lae inniu, girseach a d'iarr cead
ón Mháthair Ghinearálta an rang a fhágáil
le labhairt le buachaill óna ceantar dúchais
agus a bhus ag stopadh ar an mbaile.

Buachaill?
an freagra a fuair sí.
Atá ar a bhealach go Maigh Nuad
le bheith ina shagart.
Bhuel, sin scéal eile.

Is céard a bhí difriúil faoi? Bhí sí ag caitheamh
tríocha nóiméad i gcomhluadar an fhir
a raibh sí i ngrá leis, chuile fhocal uaidh
á shú isteach aici, cé go raibh sé
ina thost eatorra den chuid is mó.

Sula ndeachaigh sé ar bord
chroith sé lámh léi
nach raibh coisricthe, ná faoi mhionn
lánstaonta ná gan í a thadhall
ar chaoi mhígheanmnaí.

Nuair a bhí sé imithe as radharc
stop sí le sceallóga a cheannach
ar a bealach ar ais chuig an gclochar,
í ag at is á téamh ag an mblonag,
á cur ag smaoineamh nach ndéanfaí

would she become a nun
just as no way would he survive
without his porter,
his mother and her, in that divine order.

bean rialta di ar chaoi ar bith
díreach mar nach bhféadfadh seisean
maireachtáil gan a phórtar,
a mháthair is ise, san ord diaga sin.

Keeping On

Across the bridge in the city you see
a new class emerge from their manholes,
welcome summer when fewer clothes
are needed and they can
jump into the fountain
any time they feel the need to wash,

where food goes off quickly –
and supermarkets, anxious to dump it,
have a lean-to out back
where women can crouch,
their skirts tenting as they lick
yogurt from its tub.

Fruit tastes better now
that it's softer – and doesn't have
to be peeled which is just as well –
knives can be kept sharp
for other needs, should they arise.

The executives who were too busy
to take a break last year shift
from bench to bench in the park
against the westward movement
of the sun in the hope they'll return
home bearing the office pallor.

You watch them clout insects that land
on their necks, unable to wrap
their newspapers for use as a baton.
What would they do during the day had
all they had to read already been defiled?

AG STREACHAILT LEO

Sa chathair trasna an droichid
feiceann tú aicme úr ag éirí aníos
as a ndúnphoill ag fáiltiú roimh
an samhradh, am a bhfuil níos lú éadaí
ag teastáil is gur féidir léimt isteach
sa bhfuarán aon am gur mian leo iad féin a ní

áit a lobhann bia go sciobtha
a mbíonn na hollmhargaí ar bís
lena chaitheamh amach –
brácaí ar chúl acu inar féidir le mná
cromadh, pubaill á ndéanamh
dá sciortaí, iógart á lí as a phota acu.

Blaiseann torthaí níos fearr anois
is níos boige – ní gá an craiceann
a bhaint díobh, rud a chiallaíonn
gur féidir sceana a choinneáil réidh
is géar do chúiseanna eile, más gá.

Bogann na feidhmeannaigh
a bhí róchruógach le sos a ghlacadh anuraidh
ó bhinse go binse sa pháirc
i gcoinne shiarghluaiseacht na gréine
le go mbeidh mílítheacht na hoifige
orthu is iad ag filleadh abhaile.

Breathnaíonn tú iad ag clabhtáil míolta
a leaindeálann ar a muiníl gan ar a gcumas
a nuachtáin a bhurláil lena n-úsáid mar bhata –
céard a dhéanfaidís i rith an lae dá mbeadh
a raibh le léamh acu truaillithe cheana féin?

The House with the Blue and Yellow Walls

At times you feel this house is holding forth
but are unable to translate its words
into language common to you both.

Perhaps the voice of the poet
who lived here is trapped in the walls.
Laughing at the doors with no handles.

Imagine how he must have felt when
the house was being renovated,
the stairs ripped out, not that he has

need for stairs anymore or handles either,
for that matter. Tonight you thought you
glimpsed him about to step out onto

the sloping roof, fireflies hovering above
his fedora beneath the full moon. When he turned
words blew from his mouth like soap bubbles

but before you could catch them they settled
in the blue and yellow of the wallflowers.

An Teach leis na Ballaí Gorma is Buí

Scaití braitheann tú go bhfuil an teach seo
ag cur de ach níl tú in ann a fhocail
a aistriú go teanga chomónta eadraibh.

Seans gurb é guth an fhile a chónaigh
anseo cheana atá i ngaiste sna ballaí.
Ag gáire. Faoi na doirse gan dornáin.

Samhlaigh an chaoi ar bhraith sé
is an teach á athchóiriú, an staighre
á bhaint amach, cé nach bhfuil

staighre uaidh níos mó ná dornáin, ach oiread.
Anocht cheap tú go bhfuair tú spléachadh de,
ar tí siúl amach ar an díon claonta

lampróga ar foluain os cionn a *fedora* faoin
ré lán. Nuair a chas sé thart shéid focail
as a bhéal ar nós bolgán gallúnaí

ach sula raibh tú in ann breith orthu, chuir siad
fúthu i ngoirme is i mbuí lusanna an bhalla.

THE GIRL WHO WOULD BE QUEEN

During the dry spell the sun smiles
on the city, clearing the tears from
the cobbles by the Fountain of Love,
turning the red that spreads through
the rockery from blood to petal.

Already storm clouds gather,
annoyed that the path is dry
and that a breeze plays through
the poplars by the river:
they want to descend and chase
young girls into their lovers embrace.

Was it on such a day that Inês
was murdered as she waited
for her prince? If so, who'd have
thought it would lead to an era
when a dead queen would be paraded

on her throne, the entire court
forced to kiss her cold dead hand?
What young girl wouldn't wait
for her prince on the off-chance
it might happen again today?

An Cailín a nDéanfaí Ríonach di

Le linn na haoinle leathann an ghrian
miongháire ar an gcathair, na deora
á nglanadh de na duirlingí taobh le
Fuarán an Ghrá, ag claochlú na deirge
a leánn tríd an gcreig-ghairdín ó fhuil go piotal.

Cheana féin tá sé ag sú chuige,
na néalta spréactha go bhfuil
an cosán tirim is leoithne ag súgradh
leis na poibleoga cois abhann:
ba bhreá leo tuirlingt is girseacha
a ruaigeadh isteach i mbarróg a leannán.

An ar lá mar seo a dúnmharaíodh Inês
is í ag fanacht lena prionsa?
Más ea, cé a cheapfadh
go gcuirfeadh a leithéid sa siúl
tréimhse ina mbeadh ríonach mharbh
á tionlacan ina cathaoir ríoga,

iachall ar an gcúirt iomlán
a lámh fhuar mharbh a phógadh?
Cén cailín óg nach bhfanfadh
lena prionsa ar fhaitíos
go dtarlódh a leithéid arís inniu?

Two Old Maids

Days have passed since the Rain-Queen
set about bursting the clouds.
This morning her sister,

Mist, envelops the city,
greying everything apart
from the oil-rainbows in puddles.

You don your overcoat, open
your umbrella, head to the market
in search of bread, alone as usual.

These two sisters work hand in hand,
two old maids who have kept
quiet for sixty years:

one had a secret love
who disappeared
on his way home across

the marsh while
the other knew what
had befallen him.

Beirt Leathéan

Tá roinnt laethanta imithe
ó phléasc Ríonach na Báistí na néalta.
Ar maidin clúdaíonn a deirfiúr,

Ceobhrán, an chathair
ag liathadh chuile ní seachas
na tuartha ceatha ola sna linntreoga.

Cuireann tú ort do chóta mór, osclaíonn tú
do scáth báistí is déanann ar an margadh
ar thóir aráin, id' aonar mar is gnách.

As lámha a chéile a oibríonn
an bheirt seo, leathéin
a d'fhán ciúin ar feadh trí scór bliain:

bhí suiríoch rúnda ag duine acu
a d'imigh as radharc
agus é ag filleadh abhaile

thar an riasc, fad is
a bhí a fhios ag an duine eile
céard a bhain dó.

He Was Her Rock

Each evening when she went to swim
in the lake the boy would follow.
You could say he was a man,
though his manhood had yet to be tested.

As he lay in wait
this particular evening he saw
a stranger follow her, dart
in and out between the rocks,

stomp on the cinquefoil
and the boy wanted to sneak
up behind him and slit
his throat from ear to ear

but a lipless whisper hissed
wait and see what happens.

Sure enough, she passed by, headed
for the water humming to herself,
her gauze dress billowing in a breeze
of jealousy, her towel filling to a flag

that said: *wait where you are* and he did.
He heard her ease herself into the water
and felt the wing of a mute glorious
swan on his face as it rose up.

Later he heard the roar.
After she had passed by on her way
home, her dress clinging to her body,
her towel heavy with the gratification

Ba É a Carraig É

Chuile thráthnóna nuair a théadh sí
ag snámh sa loch leanadh an gasúr í.
D'fhéadfá a rá gur fear a bhí ann
cé nár tástáladh a fhearantas fós.

Agus é ina luí ag fanacht
an tráthnóna áirithe seo chonaic sé
stráinséar á leanúint, ag sciurdadh
isteach is amach idir na carraigeacha,

ag satailt ar an gcúigmhéarach
is theastaigh ón ngasúr téaltú suas
taobh thiar de agus a mhuineál
a ghearradh ó chluas go cluas

ach shiosc cogar gan bheola leis
fan go bhfeice tú céard a tharlóidh.

Cinnte dearfa, d'imigh sí thairis
ar a bealach chun an uisce ag crónán di féin,
a gúna uigeach á thonnadh ag leoithne éada,
a tuáille ag líonadh gur deineadh brat de

a dúirt: *fan mar a bhfuil tú* agus d'fhan sé.
Chuala sé í á ligean féin anuas san uisce,
bhraith sé sciathán eala bailbhe glórmhaire
ar a ghnúis mar ar éirigh sí in airde.

Níos deireanaí chuala sé an scairt.
Tar éis di imeacht thairis ar a bealach
abhaile – a gúna greamaithe dá corp,
a tuáille trom leis an sásamh

only a bad deed can know,
he went as far as the lake and saw
a new rock by the water's edge.

nach n-aithneodh ach drochghníomh –
síos chun an locha leis, áit a bhfaca sé
carraig úrnua le bruach an uisce.

At Death's Door

They always said
she looked like death warmed up
not exactly damning her
but making out
she wasn't long for this world

The national holiday was drawing near
and those whom the Gods love pulled
up their collars and took refuge
in their bunkers but she waited –
the last tenant – who could bear witness

When Death came knocking on her door
she drew her chair up to the fire
and flung the last sod onto the blaze
watching it burn, the shadows
so violent the walls retreated

And he was forced to slink through
the city in the shade of the wall
a coin was needed to pass through –
his pockets empty for the first time ever –
looking forward to the day

he'd return with a vengeance
and rid the place of its history

In Uacht an Bháis

Deirtí i gcónaí go raibh
rian an bháis le sonrú ar a gnúis,
gan í a dhamnú go díreach
ach ag cur in iúl
go raibh a seal tugtha

Agus é ag druidim leis an bhféile náisiúnta
chas siadsan a raibh cion ag na Déithe orthu
a mbónaí suas is theith chuig a gcróite
ach d'fhan sise, an tionónta deireanach
a d'fhéadfadh fianaise a thabhairt

Nuair a chnag an Bás ar dhoras a botháin
tharraing sí a cathaoir in aice na tine
is chaith an fód deireanach isteach sa lasair
ag breathnú air ag dó, na scáthanna
chomh dian dasáchtach gur chúlaigh na ballaí

Agus cuireadh iachall air téaltú
tríd an chathair faoi scáth an bhalla
ar ghá bonn a íoc le dul tríd –
a phócaí folamh den chéad uair riamh –
ag súil leis an lá a d'fhillfeadh sé

le díoltas a bhaint amach
is fáil réidh le stair na háite

Crossing the Bridge

The near bank of the river is impressive
with its restaurants and walkways
and a beautiful wall of shale bathed
in an artificial spray. Yes,
there's plenty of water about.
And the bank feels firm and strong
thanks to a reclamation programme.

But the far bank is always greener,
filled with interesting stories and people.
You can hear them cheer
as though inviting you to join them.
Perhaps it's time to return home.

You set foot on a bridge of coloured glass
that makes of you an athlete
of the betwixt and between,
the expanse of water beneath you
clearing your memory of blemish.

When you reach the other side
there's no welcoming chorus,
only a ghostly platform on which
you glimpse a pageant of bygone days
disappear, its lore clasped to its breast.
Beneath you the debris settles.

Ag Trasnú an Droichid

Is suntasach í bruach chóngarach
na habhann lena bialanna is siúlbhealaigh
is balla álainn scealla á ní ag cith
saorga. Sea, tá dóthain uisce thart ort.
Agus braitheann an bhruach leathan is daingean,
buíochas do thionscadal míntíriúcháin.

Ach is glas i gcónaí í an bhruach i gcéin,
lán le scéalta suimiúla is le daoine.
Is féidir a ngártha a chloisteáil,
cuireadh á thairiscint duit dul ina leith.
Seans go bhfuil sé in am duit filleadh abaile.

Leagann tú cos ar dhroichead
de ghloine dhaite a dhéanann
lúthchleasaí den idir eatorra díot,
fairsinge an uisce thíos fút
ag glanadh na smál ded' chuimhne.

Ar bhaint an taobh eile amach duit
níl aon chór le fáiltiú romhat, ach ardán
taibhsiúil ar a bhfuil spléachadh de ghlóir-réim
an ama fadó ag dul as radharc,
a seanchas teannta isteach lena croí.
Thíos fút socraíonn an bhruscarnach.

The Lizard's Tail

After you leave Monsanto
and your friendly lizard
another befriends you
in La Balestra –
his distant cousin, perhaps,

Will he invoke stories in you,
chase you onto the highwire
where images tumble
towards you as balls
released from a net
or metaphors rise into the air
when an acrobat is distracted
and his skittles career across the floor?

You're getting carried away:
he's not a Muse,
merely a creature who scurries
from rock to rock,
driven indoors by the noonday sun
when you think to come to the rescue
and bring a tumbler down on him

But your work of mercy
severs his tail end
so that long after he has
resettled by the grapevine
it remains on the kitchen floor
twisting and turning

EIREABALL AN EIRC

Tar éis duit Monsanto
is d'earc cairdiúil a fhágáil
cuireann ceann eile aithne ort
i La Balestra –
col ceathar leis i bhfad amach, seans

An músclóidh seisean scéalta ionat,
dod' ruaigeadh i dtreo na téide rite
áit a dtiocfaidh íomhánna
ag preabadh chugat mar liathróidí
a scaoiltear as líon nó meafair
a éiríonn in airde nuair
a bhaintear geit as cleasghleacaí
is a sceitheann a scidilí trasna an urláir?

Tá dul amú ort: ní Bé é,
ach créatúr a sciurdann
ó charraig go carraig,
a ruaigtear isteach sa teach
ag grian an mheáin lae
am a mbeartaíonn tú é a shábháil
trí thimbléar a tharraingt anuas air

Ach baineann d'obair thrócaireach
píosa dá eireaball de
a fhanann ar urlár na cistine –
i bhfad tar éis dó athshocrú
taobh leis an bhfíniúin –
ag tabhairt na gcor

Acknowledgements

cuir amach seo dom ¦ riddle me this is a long poem I wrote in Koper/ Capodistria, Slovenia. As its name suggests, the poem takes its cue from the riddle, a traditional Slovenian form. Drawing on the topography of Slovenia, notably Lake Cerkniško, and on the country's lore, it explores our attitude to nature's phenomena and to the stories they inspired.

Thanks to Literature Across Frontiers and the Sealines project which facilitated this.

The Lady and the Unicorn ¦ An Bhean Uasal is an tAonadharcach
Thanks to the Centre Culturel Irlandais who gave me the opportunity to visit Paris where I wrote this sequence of poems inspired by the tapestries of the same name in the Musée Cluny.

Monsanto
Thanks to Comissão Organizadora dos Encontros Internacionais de Poetas – Programa 'Poetas em Residência', Grupo de Estudos Anglo-Americanos da Faculdade de Letras da Universidade de Coimbra, and to Câmara Municipal de Idanha-a-Nova who gave me the opportunity to visit Portugal where I wrote this sequence of poems.

The poems *The Last Cow* and *The Blessed Nanny Goat* were inspired by the lore of Monsanto.

The lizard that appears in this sequence is a nod to the lizard as narrator in the novel *O Vendedor de Passados* (*The Book of Chameleons*) by José Eduardo Agualusa.

Thanks to Catherine Dunne, Phyl Herbert, Lia Mills, Maggie O'Dwyer and Gisele Wolkoff.

Special thanks to Irish language editor, Fidelma Ní Ghallchobhair.

ADMHÁLACHA

Dán fada a scríobh mé i Koper/Capodistria na Slóivéine is ea *cuir amach seo dom ¦ riddle me this.* Mar a thugann an teideal le fios, freagra ar an tomhas, foirm thraidisiúnta na tíre sin atá i gceist. Ag tagairt do dhinnseanchas na Slóivéine, go háirithe Loch Cerkniško, agus do bhéaloideas na tíre, déanann sé iniúchadh ar an dearcadh atá againn i leith fheiniméan an dúlra agus na scéalta a spreag siad.

Buíochas le Litríocht Trasna Teorainneacha a choimisiúnaigh é mar chuid den tionscadal Línte Mara.

The Lady and the Unicorn ¦ An Bhean Uasal is an tAonadharcach
Buíochas leis an Centre Culturel Irlandais a thug an deis dom cuairt a thabhairt ar Pháras áit ar scríobh mé an tsraith dánta seo a spreag na taipéisí den teideal céanna sa Musée Cluny.

Monsanto
Buíochas leis an Comissão Organizadora dos Encontros Internacionais de Poetas – Programa 'Poetas em Residência', Grupo de Estudos Anglo-Americanos da Faculdade de Letras da Universidade de Coimbra, agus leis an Câmara Municipal de Idanha-a-Nova a thug an deis dom cuairt a thabhairt ar an bPortaingéil áit ar scríobh mé an tsraith dánta seo.

Ba é dinnseanchas Monsanto a spreag na dánta An Bhó Dheireanach agus An Mhinseach Bheannaithe.

Is leid é an t-earc sa tsraith seo don earc mar scéalaí san úrscéal *O vendedor de Passados* (*Leabhar na gCaimileon*) le José Eduardo Agualusa.

Buíochas le Catherine Dunne, Phyl Herbert, Lia Mills, Maggie O'Dwyer agus Gisele Wolkoff.

Buíochas speisialta leis an eagarthóir Gaeilge, Fidelma Ní Ghallchobhair.

Celia de Fréine is a poet, playwright, screenwriter and librettist who writes in Irish and English. She has published five collections of poetry: *Faoi Chabáistí is Ríonacha* (2001) and *Fiacha Fola* (2004) from Cló Iar-Chonnachta; *Scarecrows at Newtownards* (Scotus Press, 2005); *imram ¦ odyssey* (2010) and *Aibítir Aoise ¦ Alphabet of An Age* (2011) from Arlen House. Her poetry has won many awards including the Patrick Kavanagh Award (1994) and Gradam Litríochta Chló Iar-Chonnachta (2004). She has four times won Duais an Oireachtais for best full-length play. Arlen House published three of these plays in *Mná Dána* (2009). In the same year the Abbey Theatre presented a rehearsed reading of her play, *Casadh,* which it had commissioned. Short films, inspired by her poems, have been shown in festivals in Ireland and the US. In 2009 Living Opera, in association with Opera Ireland, presented a showcase performance of the opera *The Earl of Kildare* for which she wrote the libretto. In 2012 Arlen House published her three books in the 'Lorg Merriman' series: *Desire ¦ Meanmarc, Plight ¦ Cruachás* and Brian Merriman's *The Midnight Court* which she translated and dramatised.

Is file, drámadóir, scriptscríbhneoir agus leabhrógaí í Celia de Fréine. Tá cúig leabhar filíochta i gcló aici: *Faoi Chabáistí is Ríonacha* (2001) agus *Fiacha Fola* (2004) ó Chló Iar-Chonnachta, *Scarecrows at Newtownards* (Scotus Press, 2005); *imram ¦ odyssey* (2010) agus *Aibítir Aoise ¦ Alphabet of An Age* (2011) ó Arlen House. I measc na ngradam liteartha atá buaite aici dá cuid filíochta tá Duais Patrick Kavanagh (1994) agus Gradam Litríochta Chló Iar-Chonnachta (2004). Bhain sí Duais an Oireachtais do dhráma ilghníomh ceithre huaire. D'fhoilsigh Arlen House trí cinn de na drámaí seo in *Mná Dána* i 2009. Sa bhliain chéanna chuir Amharclann na Mainistreach i láthair léiriú cleachta den drama, *Casadh,* a coimisiúnaíodh uaithi. Taispeánadh gearrscannáin bunaithe ar dhánta léi, i bhféilte in Éirinn agus i Meiriceá i 2007 agus 2008. Sa bhliain 2009 léirigh Living Opera, i gcomhar le Opera Ireland, taispeántas den cheoldráma The Earl of Kildare ar scríobh sí an leabhróg dó. I 2012 d'fhoilsigh Arlen House a trí leabhar sa tsraith 'Lorg Merriman' – *Desire ¦ Meanmarc, Plight ¦ Cruachás* agus *The Midnight Court* le Brian Merriman a d'aistrigh is a a dhrámaigh sí.

Tuilleadh eolais: www.celiadefreine.com